COUP-D'ŒIL

SUR

LA CONQUÊTE ET LA POSSESSION

D'ALGER.

COUP-D'ŒIL

SUR

LA CONQUÊTE ET LA POSSESSION

D'ALGER.

EXTRAIT DU 10ᵉ NUMÉRO DE LA REVUE AFRICAINE.

Les causes qui déterminèrent la glorieuse expédition d'Alger n'ont pas toujours été appréciées avec justice et impartialité. En contestant au gouvernement de la Restauration toute pensée de grandeur et d'avenir ; en réduisant tous ses actes à de chétives considérations de vanité, ou à d'antiques rêveries de propagande religieuse, on donnerait dans des erreurs d'autant plus graves qu'elles auraient pour effet de flétrir nos lauriers, et de frapper de ridicule des prévisions et des projets de l'ordre le plus élevé.

L'expédition d'Alger n'a point été, comme on l'a souvent répété avec une inconcevable irréflexion, provoquée par le geste insultant d'un barbare. Ce serait attribuer à un motif trop puéril un événement qui, dans l'état de l'Europe, devait produire des effets bien supérieurs à ceux qu'attendaient nos ancêtres de l'abolition de la piraterie. Cette entreprise, dictée par une saine et profonde politique, était le complément de celle que nous venions d'accomplir en affranchissant la Grèce. Au moment où la Porte Ottomane voyait sa domination détruite en Egypte, menacée en Syrie, son existence européenne affaiblie par les immenses acquisitions de la Russie, et son indépendance maritime anéantie sur la Méditerranée par l'occupation de Malte et de la république septinsulaire, la France, perdant ainsi le concours de sa vieille et constante alliée, ne pouvait demeurer neutre ou spectatrice indifférente des grands événemens qui se préparaient dans l'Orient. Si une noble sympathie l'avait portée à sauver les débris de la nationalité grecque, sa politique envisageait de prochaines indemnités pour les sacrifices auxquels elle se soumettait. Elle devait compter avec raison sur la reconnaissance d'un peuple qu'elle venait de sauver, et dont elle protégeait l'organisation intérieure par la présence tutélaire de ses armes. Mais dès lors un machiavélisme, dont l'action cachée mais incessante s'est toujours rencontrée et se trouvera constamment opposée à ses intérêts, veillait et paralysait son influence. Il méditait dès lors le résultat qu'il a obtenu depuis, en laissant à la France, après la retraite de ses troupes, achevée en 1832, le rôle d'un créancier sans hypothèque, sans garantie, sans espoir d'aucun genre d'indemnité, et dépourvu de tout moyen de faire valoir son droit. Ce n'est pas là ce que promettait le plan d'une occupation simultanée des ports de la Morée et du littoral africain. C'est se trouver bien loin de l'espoir dont on s'était flatté, d'acquérir et de conserver sur la Méditerranée une consistance, une considération qui nous y affranchît de toute supériorité. Mais oublions cette irréparable faute, et ne nous occupons, après avoir perdu les avantages que nous promettait notre prépondérance en Grèce, que du parti que nous pourrons obtenir de nos possessions du nord de l'Afrique.

Quels étaient les projets du gouvernement sur la Régence? Nous n'hésitons pas à le déclarer, il voulait sa conservation parce qu'il en avait reconnu et calculé tout le prix. Comment prétendait-il occuper? Jusqu'où voulait-il s'étendre? C'est ce que nous n'entreprendrons pas de résoudre ; mais nous dirons qu'une occupation réduite à celle de quelques places du littoral n'entra pas dans sa pensée, et qu'il se souvenait que le projet de coloniser les côtes barbaresques avait fixé l'attention de Sully, qu'il avait été reproduit à diverses époques par des hommes d'état amis éclairés de l'humanité, et que Louis XIV s'était sérieusement occupé de fonder un établissement maritime important à Dgigelli.

L'expulsion du dey, l'abolition du régime ottoman, la soumission obtenue des beys de Titterie et d'Oran, la prise et l'occupation de Bone, l'énergique sommation faite à la régence de Tripoli, par un brave amiral, annonçaient que la France voulait plus qu'une occupation éphémère du territoire de la Régence.

Les voies étaient préparées quand l'illustre maréchal envoyé par le gouvernement de juillet vint
prendre le commandement de l'armée d'Afrique.
L'approbation loyale qu'il donna aux dispositions
prises jusqu'alors dans l'intérêt de l'armée et dans
celui de la patrie, annonça à l'instant même cette conduite ferme et persévérante qu'il a tenue depuis, malgré les désagrémens et les injustices dont a été se-
mée sa carrière.

M. le maréchal Clauzel exigea des beys une nouvelle investiture. Il obtint du bey d'Oran l'hommage
exigé. Celui de Titterie voulut tenter le sort des
combats; fait prisonnier, il dut la vie à la généro-
sité du vainqueur. Quant au bey de Constantine,
s'étant déclaré hautement en état de rébellion, il
devait subir plus tard le coup qui l'a frappé, mais
dont aujourd'hui il est impossible de prévoir si la
conséquence finale lui sera funeste.

Le nouveau gouverneur général ne se dissimu-
lait pas la difficulté de constituer solidement le gouvernement de la Régence avec les élémens dont il
pouvait user; la fidélité des beys était douteuse; leur
crédit sur les tribus était incertain; déjà une astu-
cieuse et exécrable politique fomentait la révolte,
en excitant le fanatisme religieux; il avait fallu re-
courir aux armes pour obtenir le seul genre de res-
pect qu'accorde l'Arabe, celui que détermine la force
et la terreur qu'elle inspire. La brillante expédition
de Médéah en imposa aux tribus insurgées et fit re-
fluer derrière l'Atlas et au-delà des frontières de

Maroc les auxiliaires coalisés. Il eût fallu, en cette circonstance, avoir les moyens d'achever une entreprise, qu'il fallut suspendre. Obligé de renvoyer en France une partie des troupes, il fallut concentrer les forces qui restaient, et chercher dans les ressources de la diplomatie ce que la puissance armée ne pouvait plus procurer. Ce fut en cette occurrence que le maréchal reçut et qu'il s'empressa d'accueillir les propositions que le consul général de France à Tunis avait été chargé de lui présenter de la part du souverain de cette régence. Ces propositions tendaient à accorder à un prince de sa maison l'investiture du beylick de Constantine, moyennant une contribution annuelle et l'obligation de tenir cette province aux mêmes conditions et droits que s'il l'avait reçue du dey d'Alger ; il s'obligeait de plus à se conformer à tout ce que le général en chef jugerait à propos de prescrire pour l'intérêt du pays en général, du beylick en particulier, mais principalement pour celui de la France. Les conditions étaient de payer une redevance annuelle d'un million, d'assurer remise de moitié du droit d'entrée de douane dans tous les ports de la province, d'accorder protection à tout Européen qui viendrait comme commerçant ou agriculteur s'établir dans le territoire, enfin d'admettre des garnisons françaises dans les places de Bone, Stora et Bougie. — Cette convention fut souscrite le 24 décembre 1830.

Le maréchal fit le 6 février suivant une convention à peu près semblable pour le beylick d'Oran dont l'investiture fut donnée à un autre prince de la maison du bey de Tunis; la France se réservait le fort de Mers-el-Kebir, pour y tenir garnison à sa volonté; tous les droits d'entrée de douane étaient assimilés pour le pavillon français à ceux que le même pavillon paierait à Alger; enfin le nouveau bey s'obligeait de payer au trésor, à Alger, un tribut annuel d'un million.

Le résultat de ces deux conventions eût été d'assurer à la France la souveraineté médiate et immédiate de la Régence; le territoire d'Alger et la totalité du beylick de Titterie nous restaient et étaient réservés à notre administration directe. Cette importante possession, placée entre les deux provinces concédées, séparait ses deux grands vassaux des établissemens militaires fondés sur leurs limites, et l'occupation permanente de Médéah qui, sous les rapports stratégiques, politiques et commerciaux, doit être considérée comme le véritable siége de la puissance en Algérie, couvrait et garantissait de toute incursion, de toute attaque sérieuse, nos établisssemens; nous interrompions, nous interceptions ainsi tout moyen de correspondance hostile entre les tribus de l'ouest et celles de l'est; nous possédions un littoral de plus de cinquante lieues, comprenant des ports et des mouillages utiles à notre marine et nécessaires à notre commerce. Oran, Arzew, Bougie, Stora, Bone, la Calle, nous restaient ouverts, et les prérogatives que nous nous étions réservées équivalaient aux avantages de leur possession. Un revenu fixe de deux millions payable à Alger par trimestre égalait, surpassait même toutes les dépenses intérieures de la colonie et subvenait aux améliorations progressives du territoire. Enfin nous pouvions opérer à l'instant la réduction de nos forces militaires qui, dans un temps fort rapproché, eût produit sur nos dépenses une diminution de plusieurs millions.

Tels eussent été les fruits d'une opération dont nous sommes, aujourd'hui plus à portée d'apprécier l'incontestable mérite. Par quelle fatalité le gouvernement français l'a-t-il repoussée et n'a-t-elle valu dès lors à son illustre auteur que des persécutions et d'odieuses calomnies ! l'avenir prononcera entre mes détracteurs et moi, disait à cette occasion, en 1831, M. le maréchal Clauzel. L'avenir a prononcé, et la France, après sept années d'immenses et infructueux sacrifices, éprouve le regret d'avoir vu méconnaître les avantages d'un projet dont l'exécution était aussi facile que prochaine. Nous ne discuterons pas les motifs de l'injustifiable rupture prononcée par le gouvernement ; mais notre raison se refuse à croire qu'elle ait eu pour unique cause, comme on l'a prétendu, la vaniteuse et puérile susceptibilité d'un misérable amour propre blessé dans ses prétentions et ses prérogatives. C'est ailleurs qu'il faut chercher et qu'on trouvera l'explication de cette énigme ; c'est dans cette persistance opiniâtre à poursuivre l'abandon d'Alger qu'on découvrira l'esprit et la main qui n'ont cessé et qui ne cessent d'enfanter et de multiplier les obstacles à notre établissement.

A ce système complet, dont l'application n'eût exigé de la France que l'appui moral de sa considération, de sa puissance, sans avoir à faire de nouveaux sacrifices de sang et d'argent, on ne substitua rien ; on ne montra aux Arabes qu'inconstance, légèreté, indécision, absence de toute vue d'avenir. Les gouverneurs généraux se succèdent, apportant chacun des vues, des opinions opposées à celles de leurs prédécesseurs ; l'un veut une occupation étendue, l'autre une occupation restreinte ; l'un prétend dominer par la terreur, celui-ci veut gagner les esprits par la douceur, la persuasion et la confiance ; les forces militaires accumulées dans l'intérieur ou aux alentours d'Alger ne franchissent le massif que pour faire sans but et sans plan d'insignifiantes expéditions dans la Mitidja ou le Sahel ; celles réunies à Oran, à Bougie, sont quelquefois étroitement bloquées dans l'intérieur des murailles. La garnison de Bone, grâce à la sagesse et à l'expérience du général qui y commande, fait une honorable exception ; mais l'insalubrité du sol et du climat la décime ; partout notre imprévoyance apprend aux Arabes, dans nos imprudentes excursions, à nous combattre et quelquefois à nous vaincre. Nous faisons ainsi évanouir chaque jour le prestige dont notre conquête nous avait investis ; nous cessons d'être cette puissance prédestinée à laquelle la volonté de Dieu oblige les vrais croyans à se résigner et à se soumettre. Nous ne sommes plus que des infidèles, des ennemis ordinaires, contre lesquels le cri d'appel à la guerre sacrée s'élève de tous les points de l'Algérie. C'est alors que, grâce à l'accumulation de nos fautes, se formait et grandissait chaque jour une puissance nouvelle. Le salut commun, la défense de l'islamisme menacé par les chrétiens, réunissent les tribus rivales et souvent ennemies : la nationalité arabe jusques là chimérique devient une réalité. L'invasion du beylick d'Oran par les troupes du chérif de Maroc réunit sous l'étendard du descendant du prophète tous les zélés musulmans ; Abd-el-Kader, déclaré lieutenant du chérif et investi du pachalick d'Alger, devient l'ame et le chef de la sainte coalition qui s'organise depuis Tlemcen jusqu'au delà de Médéah. Sous le masque de la religion, dont il exagère avec affectation et avec une constance assidue les pratiques les plus austères, l'Émir dissimule l'ambition qui l'anime et qui, seule, dirige ses actions. Aidé par des subsides en hommes et en munitions de guerre que lui fournit son suzerain, il reçoit des secours non moins efficaces par l'appui que lui prête la trahison. Les Maures, auxquels, dès les premiers jours de notre occupation, nous avions si imprudemment accordé confiance, usent de tous les moyens que leur procurent leurs richeses, que leur suggère un esprit adroit et dissimulé pour pénétrer dans nos projets, pour donner de faux documens, pour déjouer nos entreprises; mais ce n'est point aux rivages de l'Afrique que l'action de ce parti s'arrête. Il expédie (1), il entretient au sein de Paris, comme

____

(1) Itaque paucis diebus cum auro et argento multo Ro-

Jugurtha entretenait au sein de Rome, des émissaires familiers avec notre langue, nos usages et nos mœurs, abondamment pourvus de tous les moyens de corruption, distribuant des subsides à ses anciens partisans, en achetant de nouveaux, salariant des écrivains faméliques, chargés de propager de fausses nouvelles, de répandre et d'entretenir des préventions, de forger les plus odieuses calomnies contre les chefs de l'armée, contre les administrateurs et les fonctionnaires les plus intègres et les plus dévoués à la patrie. Leur persistance et leur or les conduisent à leur but; il n'est pas une réputation qui résiste à leurs intrigues; il n'est pas une capacité qu'ils ne parviennent à écarter et à exiler de l'Afrique; enfin ils parviennent à faire prévaloir dans les conseils leurs renseignemens mensongers sur les informations officielles adressées par les agens mêmes du gouvernement. Un parti qui, dans toutes les occasions même les plus étrangères à la question d'Afrique, s'élève avec une passion qui va jusqu'au délire contre toute pensée d'établissement permanent, les seconde puissamment. Nous voyons des écrivains, des orateurs recueillant avec une crédule et aveugle avidité de monstrueux détails d'exaction, de concussions, de cruautés, dont ils se complaisent à nous tracer l'affreux tableau, oubliant sans doute

mam legatos mittit, quibus præcipit uti primum veteres amicos muneribus expleant; deinde novos acquirant; postremo quoscumque possint largiendo parare, ne cunetentur. Sall. 13.

que si ces crimes étaient réels, il y aurait à rougir d'être Français.

Pendant qu'ils manœuvrent ainsi, pendant qu'ils cherchent à aliéner, à dépraver l'opinion publique en France, une correspondance active informe l'Emir des découvertes qu'ils ont faites, des documens qu'ils ont obtenus, des secrets qui leur ont été livrés; celui-ci règle sa conduite sur ces avis; il temporise, il attend l'éloignement des troupes, dont il a connu quelquefois le rappel en France, ou l'envoi à l'est de la Régence, avant le gouverneur général lui-même; il se présente avec de nouvelles forces, quand l'opportunité préparée par la trahison lui en offre les moyens, et lui promet le succès; il se retire et propose la paix quand le sort des armes lui devient contraire. C'est dans de telles circonstances, qu'accédant à des conditions qui proclamaient son indépendance et reconnaissaient la légitimité du pouvoir qu'il avait usurpé et qu'il exerçait sur une partie de l'Algérie, Abd-el-Kader suspend les hostilités et souscrit, de puissance à puissance, *inter pares*, la convention du 26 février 1834, dont les dispositions, blâmées par un juste sentiment de dignité nationale, sont néanmoins devenues les bases d'un traité solennel qui plus tard a fondé un empire. L'astucieux Arabe ne diffère la violation de ses engagemens que pour étendre et consolider sa domination sur la province de Titterie, qu'il avait promis de respecter. Ayant atteint son but, ayant réuni une armée, dont l'élite, qui l'environne, se distingue par les

fusils et les munitions de guerre dont nous l'avons
pourvue, il vient audacieusement nous insulter jusqu'au pied de nos remparts : le soldat français ne
connaît pas, en pareille occurrence, les ménage-
mens, les lâches concessions qu'exigeait peut-être la
souplesse de notre impuissante diplomatie ; il voit
une injure à venger ; il se précipite sur un ennemi
dont il n'a jamais calculé le nombre. C'est alors
qu'écrasé par la masse il éprouve un sanglant échec ;
le sang versé sur les bords dela Macta réveille l'esprit
public. Obéissant cette fois à l'indignation dela France
entière, le gouvernement s'est résolu à venger le sang
de nos soldats. La présence de l'héritier du trône, dans
les rangs des braves que le maréchal Clauzel va con-
duire à la victoire, proclame l'opinion personnelle
de la couronne sur la conservation d'Alger. Les ra-
pides et brillantes expéditions de Mascara et de Tlemcen semblaient nous assurer la possession de tout le
territoire occidental de la Régence. Les populations
se déclaraient en notre faveur ; l'Emir vaincu,
repoussé par les tribus soumises, se disposait à
franchir les frontières de Maroc, ou la barrière de
l'Atlas ; mais ses auxiliaires politiques, excités par
les émissaires qu'il entretenait parmi nous, combat-
taient pour lui. Si tous les cœurs français applaudis-
saient avec un noble orgueil au drapeau national
flottant sur les murs du méchouar de Tlemcen, les
adversaires de l'occupation cherchaient à flétrir les
lauriers du vainqueur et à étouffer l'enthousiasme
général sous le poids des calomnies les plus révol-

tantes et des accusations les plus absurdes, dont l'o-
pinion publique et les tribunaux ont fait pleine justice. Mais en attendant cette justice, l'effet attendu
de cette tactique était produit ; l'enthousiasme, sous
l'influence duquel il eût fallu continuer à agir, pour
abattre et anéantir un ennemi vaincu et mis en fuite,
s'était évanoui. L'attention si mobile du pays était
distraite et vit, sans s'en émouvoir, le rappel des
forces destinées à porter à l'hydre le coup fatal.
Abd-el-Kader, profitant de la suspension des hostilités, désormais rassuré contre une prochaine attaque, rassemble ses soldats épars, demande et obtient
de Maroc de puissans secours en hommes, en munitions, en argent ; bloque le méchouar, surveille et
menace le camp de la Tafna où nos troupes réfugiées
attendent, à l'abri des retranchemens, les renforts qui
leur sont nécessaires et les secours indispensables
pour les sauver des horreurs de la famine. Des troupes expédiées de France en toute hâte, sous les or-
dres de M. le général Bugeaud, arrivent à temps ; le
camp de la Tafna et le méchouar sont ravitaillés, et
le brillant fait d'armes de la Sickah porte à l'émir un
coup qui eût dû lui être plus funeste s'il eût été
permis au vainqueur d'en recueillir tous les fruits ;
mais, arrêté dans sa marche par les termes d'instructions expresses, il ne put profiter de l'effet qu'il
avait produit sur les tribus qui, abandonnant la cause
de l'émir, obligèrent celui-ci a se retirer à Mascara
avec les débris de son armée : tel fut le stérile résultat d'une expédition glorieuse. Partout où nos sol-

dats s'étaient présentés, l'ennemi avait reculé devant eux, à moins que par un nombre décuple il ne crût pouvoir tenter la chance d'un combat; partout les tribus avaient offert leur soumission, et s'inclinaient devant nos drapeaux victorieux, et pourtant les hostilités seulement suspendues ne cessaient nulle part, parce qu'en nulle occasion il n'était accordé à un général de dépasser, sous peine de désobéissance, les limites qu'avait tracées, au milieu des intrigues de plus d'un genre, la direction suprême des opérations militaires.

Enfin l'opinion publique, appuyant les représentations qu'on ne cessait d'adresser[au nom de l'honneur et des intérêts bien entendus de la France, fit entendre, dans son indignation, un cri généreux : assez de faiblesse, assez d'impéritie; maintenant, de la force, de l'habileté, une position honorable aux yeux de l'Europe attentive; voilà ce qu'il faut, voilà ce qu'exige le pays. Le cabinet, cette fois, ne fut pas sourd à la voix de la France, et ne méconnut pas ce qu'exigeaient sa considération et sa dignité; il se décida à partager son esprit et ses vœux. Il prononce l'abolition du traité conclu en 1384, anéanti par la rupture et la révolte de l'Émir; qu'Abd-el-Kader se soumette; qu'il reconnaisse sans condition l'autorité du roi, dans la personne du gouverneur-général et nous le laisserons en repos(1). Telle est la

(1) S. P. Q. R. beneficii et injuriœ memor esse solet. Cæterum Boccho, quoniam pœnitet, delicti gratiam facit. Fœdus et amicitia dabuntur quum meruerit.

réponse que fait le ministre de la guerre aux propositions de paix qu'après sa trahison l'audacieux Arabe n'avait pas craint de faire parvenir de nouveau. Le gouvernement persistant dans ces généreuses dispositions déclare le 2 août suivant : *un système de domination absolue de l'ex-régence est définitivement arrêté par le gouvernement.* Ainsi plus d'équivoque : voilà le cabinet, cette fois, nettement prononcé sur la question de l'occupation ; toutes les dispositions sont prises en conséquence; désormais plus de concessions à Abd-el-Kader, sa soumission ou la guerre à outrance. L'armée va marcher sur Constantine, dont la prise, assurant la soumission de cette vaste et riche province, accomplira l'occupation de l'Algérie. Le cabinet qui prenait enfin, après tant de faiblesse et d'hésitation, une résolution définitive digne de la France, et qui s'était si formellement engagé à persister, se retire le 6 septembre. Avec lui s'évanouissent son esprit, son caractère, et sa fermeté : celui qui lui succède, loin de partager ses vues et ses projets, se voit avec un regret qu'il ne dissimule pas, et que les événemens subséquens ont prouvé avec la dernière évidence, engagé dans une entreprise qu'il improuve. Au lieu d'achever les dispositions entamées, il marchande sur l'accomplissement des engagemens pris; il temporise, quand chaque jour, chaque heure de retard compromettent le succès; enfin, ce n'est qu'à l'entrée d'une saison redoutable par la périodicité des tempêtes, que l'expédition, incomplète en combattans, ne trouvant, par une inexplicable fatalité, que des moyens de transports et des approvisionnemens insuffisans, peut se mettre en marche. L'armée, parvenue sous les murs de Constantine, après treize journées où son courage, sa persévérance et sa résignation au milieu de fatigues et de privations surhumaines suffiraient à sa gloire, vaincue par la fureur des élémens conjurés, se résout à une retraite, que l'art militaire a placée au rang des plus belles actions de guerre.

La retraite de Constantine, loin d'abattre l'esprit public, loin d'affaiblir l'intérêt pour la conservation et l'occupation de l'Algérie, a fait éclater dans toutes les parties de la France un nouveau dévouement, une nouvelle énergie. Le gouvernement, paraissant répondre à l'élan national, promet de venger bientôt l'insuccès de l'intreprise, et d'assurer enfin la paix dans nos possessions du nord de l'Afrique, en demandant les subsides que les Chambres lui accordèrent avec une si généreuse confiance ; il devait faire connaître des projets qui, déjà mis à exécution, eussent éclairé le pays sur les destinées qu'il préparait dès lors à nos conquêtes. Il le pouvait ; car dans la séance du 9 juin 1837, M. le Président du conseil prononçait à la Chambre des députés ces paroles remarquables : *A l'heure qu'il est, M. le général Bugeaud a traité avec Abd-el-Kader d'après des bases qui avaient été approuvées par le gouvernement du roi, et conformément aux instructions qu'il avait reçues.* Ainsi, au moment même où le gouvernement demandait le crédit extraordinaire qu'on lui accordait, il était informé que le traité dicté, avoué par lui, dans lequel , on ne peut douter, d'après ses propres paroles, que le négociateur ne fût, ne pût être qu'un fondé de pouvoirs exact et consciencieux, était signé depuis dix jours. Si les Chambres, si le pays eussent connu les inimaginables dispositions qui dépouillaient la France de plus des dix-neuf vingt-tièmes de sa conquête, qui réduisaient ses posses-sions à l'étroit littoral des environs d'Oran, et au territoire d'Alger, avec la plaine de la Mitidja, on eût reconnu que la conquête de Constantine était désormais sans utilité puisque les plus puissans mo-tifs semblaient s'opposer à sa conservation.

Les représentans du pays , dépositaires et res-ponsables du sang et de la fortune des contribuables, eussent prononcé si, pour l'unique satisfaction de tirer vengeance d'un barbare, il convenait de faire de nouveaux et incalculables sacrifices, dont rien ne pouvait plus nous indemniser. En effet, à qui n'eût-il point paru évident, qu'après avoir circonscrit le territoire d'Alger dans de si étroites limites, en-veloppé de toute part, et isolé au milieu de l'empire qu'on venait d'improviser, toute relation directe, par la voix de terre, était fermée et que nous étions privés de tout contact avec le beylick de Constan-tine? Dès lors, eût-on dit, que pourrait-on faire de cette province, après l'avoir conquise ? Membre détaché de la métropole africaine, il faudra, si l'on prétend tirer parti des avantages qui lui sont propres, la considérer et la gouverner comme un établissement isolé ; la mer sera la seule voie par laquelle elle sera accessible. Placée entre les états de Tunis et ceux d'Abd-el-Kader unis par l'indissoluble lien des mêmes préjugés religieux et politiques, il faudra sans cesse faire tête à l'un et à l'autre, et puiser dans son sein des ressources pour subsister et pour se défendre. Pourquoi, aurait-on ajouté, aller à Constantine et s'en emparer, puisqu'en l'état où nous place le traité, la conservation de cette ville est tout-à-fait improbable ?

Telles eussent été les observations que certainement eussent faites les plus zélés partisans de l'Algérie, si le ministère n'eût pas soigneusement dérobé toute connaissance du traité, qu'il ne publia qu'après la clôture de la session. La confiance des Chambres fut trompée ; elles ignoraient les conséquences de leurs votes ; elles entendaient que la France allait faire reconnaître ce qui avait été officiellement annoncé, *qu'un système de domination absolue de l'ex-régence était définitivement arrêté ;* elles devaient le croire, d'après les récentes et énergiques proclamations du général envoyé de nouveau pour abattre la puissance des rebelles, que peu de mois avant il avait si glorieusement ébranlée. Quelle fut la stupéfaction de la France entière à la lecture d'un traité aussi étrange, aussi inattendu que celui de la Tafna ! Le public avait encore sous les yeux l'improbation si hautement manifestée contre la convention conclue par le général Desmichels en 1834. Un nouvel arrangement qui reproduirait quelque partie de cette convention, avait dit le ministre en 1836, ferait de nouveau d'Abd-el-Kader une puissance, il n'aurait rien perdu à nous faire la guerre. Comment ! s'écrie-t-on de toute part, après de telles déclarations, après avoir proclamé à la face du monde qu'un système de domination était définitivement arrêté par le gouvernement, ce même gouvernement, dix mois après, formule un traité qui place la France dans une situation à laquelle les plus grands revers n'auraient pu sans doute la contraindre à se résigner ! Un chef d'Arabes, sans aucun des droits que donnent l'hérédité, ou le choix et l'élection des peuples, traite d'égal à égal avec le mandataire du gouvernement français ; il reconnaît, dira-t-on, la souveraineté de la France en Afrique ; mais cette reconnaissance n'est-elle pas dérisoire, quand la part de la France est si mesquinement faite et ses limites si soigneusement définies ? C'est la souveraineté dans cette circonscription qu'a entendue uniquement Abd-el-Kader, et non celle de la supériorité sur l'immense territoire qui lui est concédé. L'émir administre, dit l'art. 3, la province d'Oran, celle de Titterie et la partie de celle d'Alger, qui n'est pas comprise dans les réserves de l'art. 2. Mais qu'est-ce qu'un administrateur dont on reconnaît la complète indépendance, et auquel la France *cède* et abandonne les possessions définies en l'art. 9 ? Où trouve-t-on un acte de versatilité ? est-ce dans l'engagement de fournir et livrer, mais pour une seule fois, le tribut stipulé ?

La presse, unanime dans son improbation, fut l'écho de l'opinion publique; mais la tribune était vacante, et la voix des représentans du pays ne put se faire entendre : les auteurs du traité de la Tafna furent dispensés d'expliquer leurs inconcevables desseins et de faire l'apologie de leur conduite. Les préparatifs, et bientôt les glorieux succès de la prise de Constantine, absorbèrent l'attention du pays; aux pénibles réflexions qu'avait inspirées le traité du 30 mai, succédèrent des pensées de gloire et d'espérance; la conservation de Constantine ne forma pas un seul instant l'objet du doute. La Chambre, dans son adresse au discours du trône, se félicite que la France ait, par la victoire de Constantine, assuré son ascendant dans l'est de l'Algérie, comme le gouvernement s'applaudissait d'avoir, par la paix, assuré son *ascendant* dans l'ouest; mais, en même temps, la Chambre décidait que la discussion de toutes les questions relatives à l'Afrique seraient ajournées jusqu'à production des documens qui devaient être fournis à ce sujet, et prononçait formellement qu'elle suspendait tout examen et tout jugement à porter sur le traité de la Tafna et sur ses conséquences. Ainsi l'on ne pourrait inférer des expressions de l'adresse que la Chambre se soit déclarée satisfaite. C'est donc pour la première fois que l'affaire va se *présenter à la discussion* des représentans du pays, éclairée de tous les documens qu'à dû réunir la commission pour subvenir à l'insuffisance de ceux qui ont été livrés à la publicité.

Nous n'anticiperons point sur le rapport qui va

être fait sous peu de jours ; nous devons espérer que cette fois nous connaîtrons enfin la pensée du gouvernement sur le sort et l'avenir de l'Algérie. Ce sera dans cette discussion que la France apprendra ce qu'elle doit entendre par cette souveraineté que M. le Président du conseil, dans la séance du 13 janvier de cette année, déclarait *incontestable et incontestée*. Elle saura si l'Émir, investi du titre bizarre d'administrateur des dix-neuf vingtièmes de l'Algérie, a ou n'a pas une puissance réelle, indépendante, et si, comme on n'a que trop de motifs de le penser, malgré toutes allégations et dénégations officielles, notre souveraineté n'est effective que dans la circonscription de la parcelle de territoire que nous nous sommes réservée. Nous saurons comment il se fait qu'alors que son envoyé est à Paris, promettant, au nom de son maître, *un perpétuel maintien de la bonne harmonie*, Abd-el-Kader, au mépris du traité qui lui défend *de pénétrer dans aucune autre partie de la Régence* que celle qu'on lui concède, franchit en ce moment même les limites de la province de Titterie, et pénétre à la tête d'une armée au cœur du Beylick de Constantine, et y prélève, l'yatagan à la main, les contributions. Enfin nous connaîtrons le véritable objet de la mission de Ben Aratch et de ses deux attachés, si connus dans les intrigues qui ont eu lieu depuis huit ans en Afrique. Il nous a été difficile de découvrir dans le discours de cet envoyé une expression qui fasse apercevoir le caractère du vassal payant au pied de son souverain un tribut de foi et hommage. Le titre d'*Émir des croyans*, que se donne Abd-el-Kader, repousse toute pensée de dépendance, même de celle du plus grand des rois, c'est-à-dire du roi des Français, le seul de la chrétienté auquel les musulmans accordent le titre de Padisha. Ben Aratch, portant la parole de son maître, s'est annoncé comme un prince ami, félicitant courtoisement son voisin, et lui offrant, selon l'usage oriental, quelques échantillons de sa munificence.

Dans de pareils termes, il ne paraîtrait pas que nous fussions à la veille d'une rupture; pourtant, comment devons-nous expliquer cette demande d'une armée de soixante mille hommes faite, dit on, par le gouverneur général, réduite à quarante-huit ou cinquante mille par le ministère? Ce ne peut être probablement pour protéger et couvrir la plaine de la Mitidja et les approches des murs d'Oran; il faut présumer que l'on a d'autres intentions, et que si nous respectons le traité qui *assure* la paix dans l'ouest, nous obligerons notre voisin à rentrer dans ses limites, et à nous laisser disposer de la province de Constantine suivant les intérêts de notre profonde politique.

Mais alors quels regrets le gouvernement ne doit-il pas éprouver d'avoir méconnu l'importance de la position de Médéah, dont Abd-el-Kader fait aujourd'hui la métropole et bientôt le centre de ses états! Car on ne peut douter, qu'après avoir aussi audacieusement foulé aux pieds le traité *qu'on nous a fait connaî-*

tre, il ne prétende maintenir et conserver, par la force des armes, les territoires dont il achève l'invasion jusqu'aux frontières de Tunis. Maître de Médéah et de Miliana, il circonvient, domine et menace sans cesse d'inévitables incursions nos chétives possessions de la province d'Alger ; ce n'est que par des camps retranchés que nous pouvons les couvrir, et l'on sait ce que coûte en argent et surtout en hommes ce genre d'établissement militaire. Dans cette position, dont il fortifie les accès et qu'il peut rendre inexpugnable, il nous bloque étroitement ; il intercepte toutes nos communications avec l'intérieur de l'Afrique ; aucune relation commerciale ne peut se faire qu'avec sa permission et sous son bon plaisir, et pour nous maintenir dans une telle situation, à quels sacrifices ne faut il pas nous résigner ! c'est bien actuellement qu'Abd-el-Kader a le droit de se proclamer, comme il le fit naguère, le sultan de la terre africaine, laissant et reconnaissant volontiers au roi des Français la souveraineté illimitée de la mer.

En voyant un tel résultat, il est impossible de ne pas déplorer les conséquence de la fatale rupture des deux conventions faites avec Tunis, les 24 décembre 1830 et 6 février 1831. C'est bien à présent que la justice que leur illustre auteur attendait de l'avénir, lui est rendue. Que d'argent et de sang eussent été épargnés si la France, ayant délégué l'exercice de sa souveraineté à deux grands vassaux tributaires, au centre desquels elle se plaçait elle-même, n'eût eu qu'à protéger une colonisation progressive ! La civilisation nous eût fait des amis, nos victoires ne nous ont procuré que des ennemis aguerris et formés pour nous vaincre.

Si nous avons trop souvent éprouvé qu'on avait agi sans système et sans plan arrêté, nous ne pouvons penser qu'aujourd'hui le gouvernement n'ait pas un projet bien conçu, en demandant les immenses subsides qui lui seront accordés. Nous n'anticiperons pas sur les corrections indispensables qu'exigent certaines dispositions d'un traité, dont l'application a déjà donné lieu à beaucoup de difficultés ; ainsi nous ne pouvons croire que toute correspondance, toute liaison directe avec le beylick de Constantine, nous soient interdites, ou que du moins nous ne puissions y pénétrer, par terre, qu'en traversant l'État voisin ; c'est ce qui serait inévitable, dans la situation actuelle des choses. Dans l'hypothèse où nos relations avec Constantine seront assurées et qu'un établissement permanent sera fondé dans cette place importante, jetons un coup d'œil rapide sur les avantages que nous assure cette possession.

La province de Constantine, la plus belle et la plus riche contrée de l'ancienne Numidie, fixa toujours la préférence des peuples qui, depuis la chute de Carthage, ont conquis et possédé tour à tour l'Afrique septentrionale; sa capitale, par les avantages de sa situation, sous les rapports militaires et commerciaux, fut toujours, malgré ses vicissitudes, ce qu'elle est encore, la métropole de cette partie de la conquête; sa population plus nombreuse est plus réunie. En beaucoup de lieux et particulièrement dans le voisinage de Tunis et sur le littoral, où le souvenir des relations que nos pères entretenaient avec les habitans existe encore, la civilisation est plus avancée; l'agriculture est partout assez florissante, le commerce a de l'activité. Constantine entretient, par ses caravanes périodiques, des relations avec Tunis, où, pendant l'interruption des communications avec Bone et Bougie, se sont dirigées ses exportations; elles reprendront, et reprennent déjà leur ancienne direction, parce que les opérations commerciales retrouvent protection et sécurité. Ces caravanes amènent des chevaux excellens, des mulets, des moutons, dont le territoire nourrit une immense quantité; elles apportent des céréales d'une qualité supérieure, que produit le pays en très grande abondance, des dattes du Biledulgérid, des peaux et des pelleteries de toute espèce, des laines beaucoup plus fines et meilleures que celles de toute autre contrée de l'Afrique, enfin les productions variées que les caravanes du Fezzan ont reçues de celles qui s'y rendent de l'intérieur de l'Afrique et qui correspondent de nos jours, comme au temps d'Hérodote, avec le centre si peu connu de cette partie du monde. C'est par cette voie qu'arrivent des pays aurifères qu'arrose le Niger et de ceux qui sont situés au midi de ce fleuve, le plus précieux et le plus pur des métaux, dont quelques voyageurs modernes nous font connaître l'abondance; l'ivoire, les plumes d'autruche, des peaux de tigre et de lion.

Ces caravanes qui, partant de Tombouctou, se partagent en deux divisions principales, se dirigent l'une par les oasis des Toariks du grand désert vers Maroc, l'autre par Bornou vers le Fezzan , d'où elles gagnent par correspondances successives Tripoli , Tunis et Constantine. Ces caravanes exportent de ces trois places des armes, des munitions, des objets de mercerie, de quincaillerie, des tissus en laine, en coton, en soie, en usage chez les différens peuples de ces vastes régions; elles ajoutent à leurs chargemens le sel qui, sur les bords du Niger est aussi rare qu'il est commun sur le rivage de la mer et dans quelques endroits du désert, où la nature en a placé d'inépuisables approvisionnemens.

Les marchands anglais établis à Tripoli ont apprécié depuis long-temps les avantages que leur offrent ces relations de commerce; aussi l'objet réel des explorations aventureuses de la plupart de leurs intrépides voyageurs a-t-il été d'ouvrir à leurs spéculations de nouveaux débouchés; aussi remarque t-on que les expéditions vers l'intérieur de l'Afrique, par les marchés de Tunis et surtout de Tripoli, qu'approvisionne l'entrepôt de Malte, augmentant d'année en année , la connaissance plus répandue d'objets utiles fait naître et multiplie les besoins; c'est ainsi qu'ils procèdent en même temps sur le rivage occidental, où ils échangent dans leurs comptoirs de la Gambie et du golfe de Guinée des marchandises qui s'exportent de là vers les régions centrales.

Maîtres du littoral de la Méditerranée, possesseurs de l'établissement du Sénégal, nous avons des avantages supérieurs à ceux de nos rivaux, si nous en savons profiter. C'est l'exploitation d'un commerce que nos rapports avec les populations africaines doivent augmenter de jour en jour, qui est à notre disposition ; puissions-nous en profiter, et n'en pas laisser, comme nous l'avons fait jusqu'alors, recueillir les fruits à nos voisins !

Nous nous bornons, dans ce rapide aperçu, à signaler les avantages que nous promet le commerce avec l'intérieur de l'Afrique, puisque nous n'en pourrions donner que des évaluations conjecturales. Ainsi il n'en est pas de même du commerce de la métropole avec sa colonie ; nous avons, pour le juger, des faits accomplis et des documens officiels, que nous allons brièvement exposer.

Le commerce de Marseille dut entretenir dès les temps les plus reculés des relations suivies avec la côte d'Afrique. Les événemens politiques, qui changèrent si souvent les maitres de ces contrées, suspendirent mais n'abolirent jamais des communications qu'un intérêt réciproque rendait nécessaires aux habitans des deux rivages opposés. Restés neutres au milieu des grands conflits dont le résultat fut pour la puissance ottomane la domination de la Méditerranée et la souveraineté du nord de l'Afrique, les Provençaux obtinrent, grâce à l'influence que déjà la France exerçait sur la politique du divan, un établissement fixe et permanent sur la côte qui présentait le plus d'avantages à leur commerce. Le privilége concédé en 1520, constamment reconnu et même étendu par divers traités subséquens, assurait à la France le droit exclusif de la pêche du corail, et de l'exportation de tous les produits du territoire, que nos navigateurs recevaient en échauge de leurs importations. Ce paisible établissement, dont à tort on pensa à faire un poste militaire, procura au commerce français des produits dont un défaut trop ordinaire de persévérance arrêta souvent les développemens et les progrès. La préférence donnée à la Calle sur le bastion de France fut cependant justifiée par les avantages de cette nouvelle position ; sans éprouver de très sensibles variations, la compagnie d'Afrique recueillait des résultats qui la maintenaient dans un état de prospérité. La pêche du corail qu'elle exploitait avec ses propres bateaux, et les licences qu'elle vendait aux étrangers lui rapportaient de 4 à 5oo,ooo f.; l'exportation du blé s'élevait année commune à 1oo, ooo charges de cent cinquante-trois kilogrammes qu'on peut évaluer à un rapport moyen d'un million. Il y eut des années de disette en France, où l'on tira plus de deux cent mille charges de nos commissions. Outre le froment, on exportait de grandes quantités d'orge, de maïs, de fèves, etc., dont le prix équivalait à la moitié de celui du blé. Les Arabes apportaient au marché de la Calle, du cuir, des peaux, de la cire et toutes les productions qu'ils tiraient de l'intérieur. En certaines années, les laines provenant des troupeaux de la province, exportées par les bâtimens français, s'élevèrent à plus de trente mille quintaux.

On peut juger, par ce que faisait dans un seul

établissement et deux autres petits comptoirs une compagnie, sans autre appui que la protection que lui procurait l'influence morale du représentant de la France sur le Dey, de ce que l'on peut attendre d'un commerce libre par les ports de Bone, de Stora, de Bougie etc ; on en peut juger par l'accroissement des importations dans toute la Régence qui, d'année en année, par une progression étonnante, sont parvenues en 1837 au chiffre de trente-trois millions, dans lequel le commerce, abstraction faite de ce qui était destiné à l'armée, entre pour vingt-trois millions.

Le commerce de la province de Constantine qui, comme nous l'avons dit, détourné de sa direction naturelle, s'est, depuis huit ans, porté sur Tunis, rappelé dans nos ports accroîtra de trois à quatre millions la valeur des affaires. C'est alors que notre industrie qui voit, depuis deux ans, s'augmenter l'importation de ses tissus de coton et de laine, prendra et conservera la supériorité que lui disputent encore les Anglais dans tous les marchés de la Régence pour ces genres de produits.

L'expérience du passé, celle qui, malgré tous les obstacles qui se sont opposés jusqu'à présent à nos succès, nous est donnée des ressources que le commerce promet à la France d'un solide et définitif établissement dans l'Algérie, doit suffire pour convaincre que la possession réelle, effective, qu'assure la souveraineté bien comprise, est le seul but digne d'une grande et puissante nation; que toute nouvelle mutilation de notre conquête, que tout abandon de ce que nous nous sommes réservé, nous réduirait, comme l'a dit et consigné, dans un écrit remarquable, un brave et loyal général, à devenir le jouet des Arabes et bientôt la risée de l'Europe. Réparons, s'il est possible, les fautes commises ; réparons-les de manière à prouver que notre gouvernement a enfin adopté un plan, dont il est résolu à ne jamais se départir ; opérons, par la colonisation, la grande œuvre que réclame dans toutes les parties de l'Europe l'humanité ; ouvrons à ces populations qui ne trouvent plus de place dans leur pays natal, un débouché où elles puissent s'établir, travailler et exister : bientôt un millier d'émigrans que nous voyons, chaque année, traverser l'Atlantique, décimés par les fatigues et les maladies, avant d'être parvenus au-delà du *Missouri*, viendront rendre à la terre africaine cette fécondité, qui en faisait, après l'Égypte, la plus abondante et la plus riche des provinces romaines et le principal grenier d'abondance de la cité qui régnait sur le monde.

L. Estancelin,
Député de la Somme.

FÉLIX MALTESTE ET Cie, IMPRIMEURS-ÉDITEURS,
Rue des Deux-Portes-Saint-Sauveur près le passage du Grand-Cerf.